रहगुज़र

(कविता-संग्रह)

रहगुज़र

दामिनी ग्रोवर

हिन्द युग्म
hindyugm.com
BLUE

ISBN : 978-93-84419-62-2

प्रकाशक :
हिन्द-युग्म
201 बी, पॉकेट ए, मयूर विहार फ़ेस-2, दिल्ली-110091
मो.- 9873734046, 9968755908

मुद्रक : रेप्रो नॉलेज कास्ट लिमिटेड, ठाणे
भीतरी रेखांकन : मिठाई लाल
कला-निर्देशन : विजेंद्र एस विज

पहला संस्करण : 2017

Rehguzar
(A collection of poems by *Damini Grover*)

Published By
Hind Yugm
201 B, Pocket A, Mayur Vihar Phase 2, Delhi-110091
Mob : 9873734046, 9968755908
Email : sampadak@hindyugm.com
Website : www.hindyugm.com

First Edition : 2017

कुछ अपनी ओर से

जब पहली बार लिखना शुरू किया था, तब ये नहीं जानती थी कि ये कविताएँ मेरे जीने का सार बन जाएँगी। इन सभी कविताओं के माध्यम से मैंने ख़ुद को और जीवन के मोल को समझने की कोशिश की है। बहुत हिम्मत जुटाकर, इन्हें प्रकाशित करने का फ़ैसला किया, बस यही सोचकर कि अपने जीवन में 'काश' की कोई जगह नहीं छोड़ना चाहती। मैं आभारी हूँ उन सभी लोगों की, जिन्होंने मेरी कविताओं को पढ़ा, समझा और मुझे प्रोत्साहित किया- मेरे माता-पिता डॉ. ममता ग्रोवर एवं डॉ.अशोक ग्रोवर, मेरा भाई द्रुहिन ग्रोवर और मेरे पति वल्लभ कलगाँवकर।

साथ ही मैं शुक्रगुज़ार हूँ मेरे गुरु श्री जॉयदेव चटर्जी और श्रीमती हेम भटनागर जी का, जिनके बिना ये क़दम मुमकिन ही नहीं होता पाता।

आख़िर में एक बहुत ख़ास शख़्स श्री गौरव गुप्ता का भी शुक्रिया करना चाहूँगी, जिनकी सहायता से मेरी कविताएँ किताब का रूप ले पाईं। आशा करती हूँ कि जो कोई भी इन्हें पढ़े, कहीं-न-कहीं, अपने जीवन से इन्हें जोड़ पाए।

दामिनी ग्रोवर

कविता-क्रम

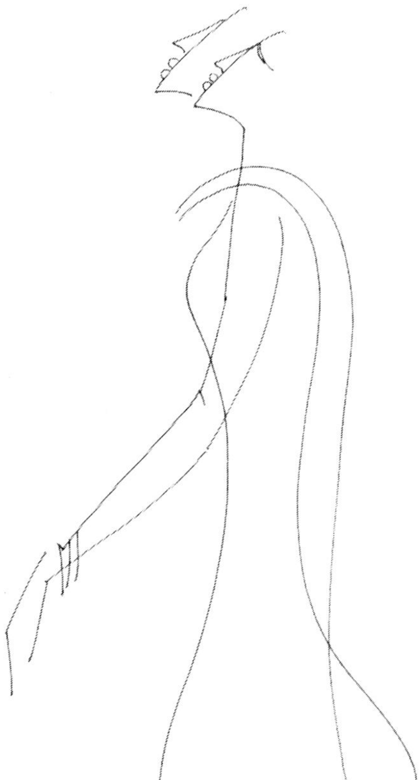

एहसास

कौन कहता है कि ज़िंदगी की कहानी
किताबों पर नहीं लिखी जा सकती
हम कहते हैं, लिखी जा सकती है।

कौन कहता है कि
हाल–ए–दिल को लफ़्ज़ों में ढालकर
पन्नों पर नहीं उतारा जा सकता
हम कहते हैं, उतारा जा सकता है;
इंसानों से तो ये, कोरे काग़ज़ ही बेहतर होते हैं
सभी ज़ख़्मों, सभी नासूरों को
बिना कुछ कहे
अपने आप में समेट लेते हैं
दर्द का एहसास तो नहीं होता इन्हें
फिर भी दर्द बाँट लेते हैं।

काली स्याही से एक कोरे पन्ने पर
क़िस्से तो क्या, दास्ताँ भी बयाँ हो सकती है;
बस कुछ लकीरें ही तो खींचनी पड़ती हैं
इन लकीरों से, दर्द महसूस नहीं किया जा सकता
सिर्फ़ इस दर्द की कर्राहट सुनी जा सकती है।

पन्नों पर लिखी दर्द की दास्ताँ
नहीं होती बेज़ुबाँ
ये तो लिखने वाला ही जानता है
कि हालात को लकीरों में बदलना
मुश्किल है, या है आसाँ;

काग़ज़ पर लिखी आँसुओं की कहानी
महसूस कर सको
उस चोट की कर्राहट को महसूस कर सको
तो लकीरों में भी जान आ सकती है
पर सिर्फ़ कहानी मान कर पढ़ोगे
तो किसी के दर्द पे
मुस्कान भी आ सकती है।

आँखें

उन आँखों में शोर है
तो किसी में प्यार
कहीं है आँखों में नशा
तो कहीं इकरार;
मासूमियत है उस नज़र में
शरारत है उसमें;
किसी में छिपा है सदियों का दर्द
तो किसी में सूनापन कर गया है घर।

कुछ उदास हैं, तो कुछ वीरान
कुछ शांत हैं, तो कुछ हैरान
कुछ सोच में डूबी हुई
कुछ की पलकें भीगी-सी
तो कुछ कश्मकश में उलझी-सी।

ये आँखें भी न
कितना कुछ कह जाती हैं
बातें ज़बाँ पर आने से पहले
आँखें सब कुछ कह जाती हैं।

इनकी भी अपनी एक भाषा है
है अपना ही अंदाज़
दबे हैं इनमें जाने कितने अश्क
छिपे हैं इनमें जाने कितने राज़।

काश! कोई आँखों को पढ़ पाता
इनमें छिपे जज़्बातों को समझ पाता
ज़िंदगी कितनी आसान हो जाती
गर ख़ामोशी से भी
कोई बात कर पाता।

ग़म बिकते हैं बाज़ार में

ग़म बिकते हैं बाज़ार में
खड़े हैं आज, हम भी कतार में
मिल जाए कोई शख़्स
जो ख़रीद ले मेरा ग़म
पर देखो न मेरी क़िस्मत
आज बाज़ार में ख़रीदार हैं कम।

आते-जाते लोग, यूँ घूर रहे हैं मुझे
मानो हँसते हों मुझ पर
पर मेरी भी इसमें ख़ता क्या है
ग़मों का पहाड़ जो टूट पड़ा है मुझ पर।

सारे नहीं, बस कुछ दर्द बेचने आया हूँ
अपना सबसे छोटा ग़म बेचने आया हूँ

करता हूँ गुज़ारिश, मत ठहाके लगाओ मुझ पर
मैं इसे अपने आँसुओं में छुपाकर लाया हूँ।

आए तो सभी यहाँ अपना ग़म बेचने ही हैं
फिर क्यों हँसते हैं ये मुझ पर?
इसी सोच में डूबा हुआ था
बेसुध होकर चल रहा था
खड़ा था अब इस शख़्स के आगे
जो सबका ग़म ख़रीद रहा था।

आँखों में नमी
माथे पर शिकस्त
मुरझाए हुए होंठ
लेकर सबका ग़म सबको हँसी बाँट रहा था।

मुझे देख, उसकी आँखें चमकी
मानो कुछ कहना चाह रहा था
अफ़सोस! मेरे पास वक़्त ज़रा कम था।

कैसे सुनता उसकी?
मेरे पास, ख़ुद भी तो ग़म था।

ग़म दिया और चल पड़ा
निकलने को तैयार था मैं
ग़म के बाज़ार से
शुक्रिया तक कहना भूल गया
अपने ग़म के ख़रीदार से

अब मैं भी लोगों को देख
हँस रहा था

मेरा भी मन अब हल्का हो रहा था
अचानक दिल ने मुझसे पूछा
कि आख़िर कर क्या रहा था?

आया था अपना ग़म बेचने
किसी और के ग़म पर क्यों हँस रहा था?

पर इसमें ख़ता मेरी नहीं
ये दुनिया का दस्तूर है
अपना ग़म भले ही न संभले
पर हर कोई किसी और के ग़म पर
कभी-न-कभी हँसता ज़रूर है।

ऊँचाइयाँ

देखता हूँ ऊँचाइयों से
गहरे उन क़दमों के निशाँ तेरे
गिनता हूँ राहों को
जिन्हें कर गई हैं मंज़िल नाम मेरे

हवा के रुख से
किस तरफ़ जाना है
ये ध्यान से देखता हूँ
बारिशों को मिटाते हुए सब निशाँ देखता हूँ

सैकड़ों की भीड़ में
कुछ चेहरे तलाशता हूँ
कुछ नए, कुछ पुराने तलाशता हूँ
सुनता हूँ अवाज़ें, कुछ जानी अनजानी-सी

हर किसी की निगाह में देखता हूँ,
कोई–न–कोई कहानी–सी

आलम होता जो दिन का
इनका एक हिस्सा मैं भी बन जाता हूँ
सैंकड़ों की भीड़ में,
नाम बनकर शामिल हो जाता हूँ

ढलने लगता है दिन जब
दबे पाँव चली आती है शब

क़दम बढ़ जाते हैं उन सीढ़ियों की ओर
जिनकी ऊँचाइयों से, मैं तेरे ओर मेरे
क़दमों के निशाँ देखता हूँ।

ये दर्द है तेरा

ये दर्द है तेरा,
तुझ में ही कहीं रहता है
रात-बेरात आकर कुछ कहता है
तू छुपता है इससे और छुपाता भी है इसे
फिर भी वो तुझ में कहीं तो रहता है

ये दर्द है तेरा,
जो तुझे पुकारता है,
तेरे पैरों में बेड़ियाँ डालता है
तू बढ़ता है आगे
तेरे साथ ही ये बढ़ता है
ये दर्द है तेरा
तुझ में ही कहीं रहता है

चंद लम्हे माँगता है तुझसे
कुछ कहने–सुनने के लिए
कभी हँसने–रुलाने के लिए
आईना भी ले आता है कभी
कुछ अनदेखे ज़ख़्म दिखाने के लिए

ये दर्द ही है तेरा
तुझे रात भर जगाता है
हर सुबह सताता है
ये दर्द ही है तेरा
हर जगह तेरे साथ चला आता है

सोचता है इसे कहाँ रख दूँ
कि ये वहीं रुक जाये
क्या कह दूँ की
ये चुप हो जाये
कहाँ जाऊँ की इससे नज़रें चुरा सकूँ
ये दर्द ही है तेरा
तुझे सवालों से घेरे रहता है

ये दर्द ही है तेरा
इसे कब तक छुपाएगा
छुपकर भी क्या पाएगा
बहुत काली हैं रातें वैसे भी
थोड़े और से क्या हो जाएगा

जाने दे न इसे,
कब तक छुपाएगा
अपने आँसुओं को झूठी मुस्कान में दबाएगा
ये दर्द ही है तेरा, ये यूँ ही करहएगा

कौन–सा तेरा इकलौता है,
एक जाएगा तो और नया आ जाएगा
हर किसी को अपने सीने से लगाकर
क्या मिल जाएगा

ये दर्द ही है तेरा
तुझ में ही रह जाएगा

जाने दे न इसे
बस यही तो ये कहता है;

ये दर्द है तेरा
तुझ में ही कहीं रहता है
रात–बेरात आकर बस यही तो कहता है

जाने दे न इसे..

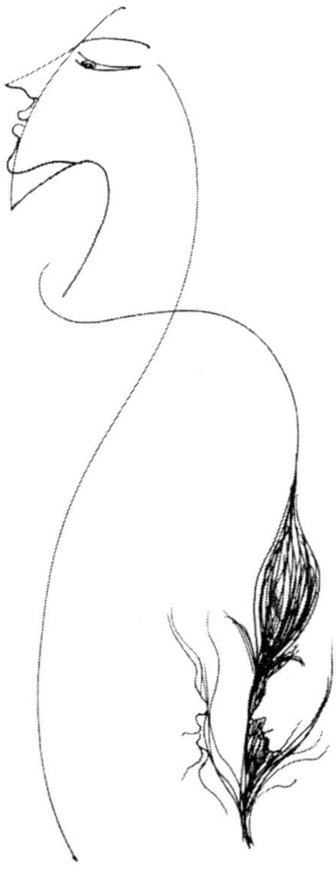

यादों की तस्वीर

यादों की उन गुमनाम गलियों में
फिर सो खो जाने का दिल करता है
दिल के उन अँधेरे कोनों को
फिर से रौशन करने को दिल करता है
बहुत आगे आ गए
अब कुछ पल ठहर जाने को दिल करता है।

पलों और लम्हों से, जाने कितनी तस्वीरें बना दी
किसी में हँस दिए तो कहीं रो दिए
कभी किसी को गले लगाया
तो कभी एक मासूम बच्चे की तरह
किसी के सीने से लिपट गए
कभी किसी का सहारा बन गए
तो कभी किसी का सहारा लिए

चल दिए क़दम दो–चार;
पता भी न चला
कब सैकड़ों लम्हों में सिमट गई ज़िंदगी तमाम
ख़ुद थे जब हिस्सा इन तस्वीरों का
तब से यह लम्हे लगते थे आम।

आज, ख़ुद उनसे खड़े हैं अलग
चाहते हैं उन्हीं में समा जाना
एक बेचैनी–सी है
एक पल को भी नहीं मिलता आराम।

सच ही तो है
वक़्त भी जाने कितनी तेज़ी से गुज़र जाता है
छोड़ जाता है पलों की छाप
हसीं लम्हे अपने साथ ले जाता है
पढ़ते हैं आज, जब यादों के पन्नों को
एक नन्हा–सा अश्क आप ही पलकों से गिर जाता है।

ख़ामोशी

मेरी ख़ामोशी कभी मेरी आवाज़ बन जाती है
जो नहीं कहना होता, वो भी कह जाती है;
नाम तो ख़ामोशी है
पर शोर बहुत मचाती है
कब कहाँ, जाने क्या-क्या बोल जाती है!

भागते रहते हैं जिनसे
अजब से उन ख़्यालों से खेलने लगती है
दिल में छिपे नादान से जज़्बातों को टटोलने लगती है
पहले रहता था किसी का इंतज़ार
अब किसी से भी बोलने लगती है।

लबों पर आकर ठहरा करती थी कभी
अब तो आँखों से झलकती है
एहसास होता इसका, घंटों बाद पलक जब झपकती है।

कभी हक़ीक़त से दूर एक सपनों के जहाँ में ले जाती
तो कभी हक़ीक़त से निकलने न देती
कभी तो उम्मीद के सैंकड़ों दरवाज़े खोलकर बैठ जाती
तो कभी उम्मीद को छूने तक न देती;
रात को अपनी सहेली बनाकर
कभी तो रात भर अँधेरे से बातें करती
तो कभी अँधेरे से डरकर
हवा की सरसराहट में खो जाती
और कभी यूँ भी होता
कि मैं कहती रहती और मेरे सिरहाने, मेरी ख़ामोशी सो जाती।

तोह्फ़ा

हर पल जो तुम्हारे साथ रहे
अपना ऐसा एहसास भेजा है
खोल के पढ़ लो कोई भी पन्ना
यादों का पूरा इतिहास भेजा है।

भेजे हैं साथ कुछ कोरे काग़ज़
और वक़्त की क़लम
जोड़ देना उसमें पन्ने दो-चार
वक़्त की फ़िक्र तुम न करना
अपने हिससे का तमाम वक़्त भी साथ भेजा है।

तमन्ना हो कोई और
तो ज़ाहिर कर देना
अल्फ़ाज़ न मिले

तो धड़कन सुना देना
तुमसे ज़्यादा तो इनकी जुबाँ समझते हैं
तुम्हारी ख़ामोशी से भी दोस्ताना हो गया है
अक्सर उसी से बातें करते हैं।

कितने पल तो मैंने यूँ ही गँवा दिए
सोचा कि और क्या भेजूँ
ध्यान से पढ़ना इन पन्नों को
इन अल्फ़ाज़ों के बीच,
कहीं वो बदमाश भी छुप गए होंगे
छूना मत उन्हें
बस महसूस कर लेना
हर पल का एहसास भेजा है।

पढ़कर जब इन पन्नों को बंद करोगे
तो अपनी मुस्कान पर सजा देना उन्हें
तुम्हारी हँसी बनी रहे
इस दुआ के भी साथ भेजा है
तुम्हारी मुस्कान का एक छोटा-सा अंश
हम सदा बने रहें
सैंकड़ों दुआओं में
इस दुआ को भी साथ भेजा है।

वो शाम

कभी तो वा शाम आएगी
जब बेकल-सी धड़कनें
थोड़ा-सा सुकून पाएँगी
कभी तो वो खोए लम्हे
यादों के कमरों पर दस्तक देंगे
सूनी-सी ये पलकें
कभी तो उनके सहारे मुस्कुराएँगी।

होगी फिर से वो शाम रंगीन
कुछ आसूँ
कुछ हँसी के ठहाकों से
कभी तो सफ़र तय करेंगे
उन गुमनाम, पर रौशन गलियों का
जिन पर चलने से कतराते थे

आज चलेंगे उन पर
लड़खड़ाते क़दमों से।

इन्हीं गलियों में
जाने किस घर का चिराग़ जल उठे
जाने किस घर से
उन यादों की ख़ुशबू फिर उठे
जाने ये आवारा हवा
किस मकान का दरवाज़ा खोल दे
कौन–सी तस्वीर
आँखों के झरोके में रंग घोल दे।

जाने कौन–सी तस्वीरें
फिर कोई कहानी बयाँ करने को अमादा हो जाए
कौन से खोए लम्हे
दिल के तारों को छेड़ जाएँ;

चंद लम्हों की ख़ातिर ही सही
ले लेंगे पनाह उस मकान में
सुनेंगे वो बेज़ुबाँ कहानी
और बताएँगे कुछ अपना हाल
ख़ामोश आँखों की ज़ुबानी।

बन जाएगा वो मकान घर मेरा
गुज़र जाएगी रात
आएगा एक नया सवेरा
मत रखना हाथ मेरे कंधे पर
मत जगाना मुझे
जाने फिर कब मिले
यादों का घर मुझे!

एहसास-2

स्याहियों में लिपटती जा रही है
ज़िंदगी की दास्ताँ आज भी
खिंचती है दर्द की लकीरें
कोरे पन्नों पर आज भी
आज भी तनहाई में सहारा
जाने ये काग़ज़ और क़लम ही क्यो देते हैं
जाने क्यों एक नासमझ बच्चे की तरह
हम इनसे सबकुछ कह देते हैं

देखते हैं आज भी
काग़ज़ों को लकीरों से भरते हुए
देखते हैं आज भी
कई जज़्बातों को इनमें पनपते और मरते हुए।

रंग-बिरंगी स्याहियों में,
समा जाती तमाम ख़ुशियाँ, सैकड़ों ग़म
खोने की लाख कोशिश पर भी
इन्हीं में ख़ुद को पाते हम।

वक़्त-बेवक़्त सोचते कभी
कि लिखकर क्या हासिल हो पाएगा?
पन्नों से किताबें
और किताबों से घर का हर कोना भर जाएगा
पर बिखरे हुए दर्द से
सिमटा हुआ ही बेहतर है
बिना किसी सवाल के
कहीं तो ये करता बसर है।

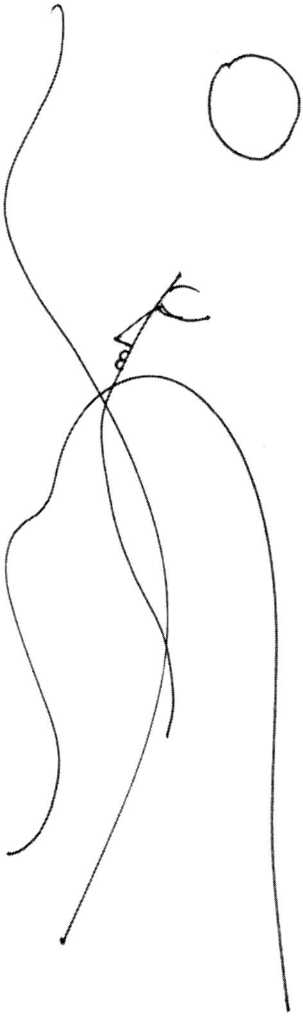

तमाशा

लो तमाशा शुरू हुआ
कल का चेला
आज का गुरु हुआ
कल तक जो छुपना–छुपाना सीख रहा था
आज, उसके इम्तेहान का सफ़र शुरू हुआ।

मंच तैयार है और दर्शक भी
संगीत भी तैयार है,
और उस पर थिरकने वाले नर्तक भी

लो बजी घंटी!
तमाशा शुरू हुआ
कल का चेला, आज सब का गुरु हुआ;

पर्दा उठते ही वो हँसा
उसकी हँसी की सच्चाई में
हर देखने वाला फँसा
ग़ुस्सा भी उसका हँसाने वाला लगा
ख़ामोशी भी उसकी मज़ाक़-सी थी
नाच-गाने से सजी
उसकी ज़िंदगी की कहानी-सी थी

दर्द जब और छुप न सका
तो कभी आँख के कोने से
एक अश्क यूँ ही बह चला
और फिर शुरू हुआ
तालियों का सिलसिला

वो हँसा भी और रोया भी
पलों में ख़ुद को पाकर
बार-बार खोया भी
जब कहीं कमज़ोर पड़ा,
तालियों की गूँज बढ़ गई,
छुपी थी जो पुकार उसकी आँखों में,
उसी गूँज में दब गई।

घंटों चला ये सिलसिला
और फिर चलता गया,
इंसान के दायरे से बाहर निकल,
उसे अभिनेता का नाम मिल गया।

अश्क

कभी धीमे से, तो कभी अचानक से
कभी जानकर, तो कभी अनजाने में
पैमाने से छलक जाता है
जैसे एक जाम
पलकों से अश्कों का गिरना
अब तो हो गया है क़िस्सा आम।

कभी महफ़िल में आकर शोर मचाता
तो कभी तनहाई में सुकून का एहसास दिलाता
कभी ग़म में साथी बन
ग़म को हल्का कर जाता।

कभी जज़्बातों के बाँध तोड़
निसीम बह जाता
तो कभी बर्फ़ीले पानी की तरह
पलकों की सुर्ख़ चादर पर जम जाता।

कश्मकश में उलझा है अब
खेल रहा है बेजान धड़कनों से
पलकों की चिलमन बंद हो जाती
इससे पहले कि ये छलक पाए;
लाख कोशिशों के बावजूद भी
एक तन्हा-सा अश्क
अंदर क़ैद रह जाता।

देखो न ये दौर भी है कितना अजब
तड़पती है एक नन्ही-सी बूँद
पलकों के साये तले
छलकना चाहती है वो
बहकना चाहती है वो
पर यूँ ही तड़पती
पलकों के साये तले।

अंदर ही रहने दें
तो ख़लिश बन सताती है
बह जाने दे
तो चोट को नासूर बना जाती है।

देखो न ये दौर भी है कितना अजब
तड़पती है एक नन्ही-सी बूँद
पलकों के साये तले
छलकना चाहती है वो,
बहकना चाहती है वो
पर यूँ ही तड़पती
पलकों के साये तले।

वक़्त

क्यों सदियों का सफ़र कभी पलों में सिमट जाता है ?
क्यों सब कुछ मिलकर भी खो जाता है ?
समझते रहते हैं जिसे अपना
क्यों वो चंद पलों में ही पराया हो जाता है ?

क्यों वक़्त गुज़रता है
कभी ठहरता क्यों नहीं ?
कितने सवाल पूछती हूँ इससे
कभी उनका जवाब मिलता क्यों नहीं ?
जानती हूँ जाने ऐसे कितने सवाल पनपते हैं दिल में
जिनकी कोई वजह नहीं
क्यों बसर कर लेते हैं दिल में
जब इनकी कोई जगह ही नहीं ?

वक़्त का बहाव भी कभी इतना तेज़ हो जाता
कि क़दम आप ही अपना रुख मोड़ लेते
अनगिनत अनजान राहों से
अपना नाता जोड़ लेते।
कभी मिल जाता एक नई मंज़िल का पता
तो कभी अपनी ही मंज़िल भूल जाते
राह चलते कभी सारी ग़लतियाँ आप ही सुधर जातीं
तो कभी नासमझी में, ग़लतियों का एक नया ही खाता खोल लेते।

वक़्त के गोल पहिए में,
ज़िंदगी यूँ ही चलती रहती
कभी वक़्त से दूर
तो कभी उसके बेहद क़रीब आ जाते;
वक़्त का हाथ थामे
एक लंबा सफ़र तय करते
कभी लम्हा बन जाते
तो कभी पलों में सिमटकर
पलक झपकते ही खो जाते।

ख़्वाहिशें, कुछ और...

कैसा लगता होगा उस शायर को
जिसकी ज़िंदगी की सबसे हसीन नज़्म पूरी न हो सकी
कैसा लगता होगा उस काफ़िर को
जिसकी खोई बंदगी उसे फिर न मिल सकी।

कोई तो पूछे उस कलाकार से
जिसकी सबसे ख़ूबसूरत तस्वीर के लिए
उसे मनचाहे रंग न मिले
कोई तो पूछे उस मूर्तिकार से
जिसकी सबसे हसीन मूर्ति को
एक ख़ूबसूरत शक्ल न मिल सकी।

कैसा लगता है
अधूरी ख़्वाहिशों और चाहतों के साथ जीना

कैसा लगता है
ख़ुद इन्हीं से नज़रें चुरा लेना?

देखी हैं ऐसी कितनी निगाहें
जिनमें कुछ टूटे हुए ख़्वाब बसते हैं
ऐसी कितनी पलकें
जिन पर मासूम से ख़्वाब
सहमे से रहते हैं;
वो निगाहें, जो उम्मीद को सिरहाने रख
हर रात बसर कर लेती हैं
सुबह की रौशनी पड़ते ही
फिर उसी से मुँह मोड़ लेती हैं।

कोई तो पूछे उनसे कि कैसा लगता है?
अपने आप से जानकर भी अनजान रहना
कैसा लगता है?

न कभी वो समझ पाएँगे
न कभी कुछ कह पाएँगे
यूँ ही शब के इंतज़ार में
उजाले से कतराएँगे;

गुज़र जाएगी एक और रात
ढल जाएगा एक और दिन
गुज़र जाएगा कुछ और वक़्त
मुकम्मल ख़्वाहिशों के बिन।

ज़िंदगी

कभी–कभी यूँ लगता है, कि ज़िंदगी किसी पहेली से कम नहीं
है कोई इस जहाँ में ऐसा, जिसके पास कोई ग़म नहीं ?

किसी के पास पैसा नहीं
तो काई किसी के जैसा नहीं
किसी ने कोई अपना है खोया
तो किसी ने अपना ग़म
पैमाने में डुबोया

अजब है ज़िंदगी, जिसके दस्तूर हमेशा ही बदलते
किसी को मंज़िल नहीं मिलती
तो होते हैं कुछ ऐसे
जो किसी भी राह पर है चलते।

कभी एक सीधी राह की तरह
बढ़ती चली जाती
तो कभी उठती इसमें लहरें हज़ार
कभी मानो थम-सी जाती
तो कभी बेहद तेज़ हो जाती इसकी रफ़्तार।

कभी अल्फ़ाज़ों में
तो कभी ग़ज़ल में समा जाती
कभी हो जाती हँसी की किल्कारियों में गुम
तो कभी अश्कों के साथ बह जाती

कैसे कहूँ कि ज़िंदगी क्या है?
किसी के लिए वरदान
तो किसी के लिए एक सज़ा है।

कभी-कभी यूँ लगता है
कि ज़िंदगी किसी पहेली से कम नहीं
शायद ही हो कोई ऐखा
जिसके पास कोई ग़म नहीं।

सोने दो

मत उठाओ अभी मुझे
ज़रा पलकें तो भारी होने दो
ख़्वाबों में रंग भरने जा रही हूँ
मुझे कुछ देर और सोने दो।

डर नहीं सपनों के टूटने का
बल्कि उनके खोने का है
मत आवाज़ लगाओ मुझे
ये वक़्त मेरे सोने का है।

बहुत प्यारी तस्वीर है वो
उसे पूरा करने जा रही हूँ
आधी नींद में, उसके ख़्याल से ही मुस्कुरा रही हूँ
आस-पास बिखरे हैं रंग मेरे

झूम रहे हैं संग मेरे
मेरे सपनों में शामिल होना चाहते हैं वो
मेरी आँखों में बसना चाहते हैं वो

बस कुछ देर और मुझे सोने दो
सपनों की तस्वीर में रंग भरने दो
पाने के लिए शायद मेरे पास कुछ न हो
पर आज, बहुत कुछ है खोने को।

ख़्वाब

पलकों की सुर्ख़ चादर पर सजता है
कभी काँच के टुकड़े की तरह
दिल को चुभता है
डालता है कभी पैरों में बेड़ियाँ
तो कभी गुमसुम-सा बैठा रहता है।

सौ उलझनों में, एक नई उलझन जोड़ देता है
कभी मेरी तमन्नाओं का आईना तोड़ देता है;
रह-रहकर मुझे सताता है
वक़्त-बेवक़्त बहुत रुलाता है
है एक ख़्वाब जो पूरा न हो सका
हर मोड़ पर मिल जाता है।

राहों को रोक, बढ़ने नहीं देता
क़दम मोड़ लूँ
ये भी करने नहीं देता
सीने में सुलगती है एक आग
जिसे ये बुझाने न देता
अपनी ही हक़ीक़त को
अपनाने नहीं देता।

जिस तरह, ख़ाली पैमाने से
जाम नहीं छलकता
होते हैं कुछ लोग ऐसे
जिन्हें मुकम्मल जहाँ नहीं मिलता
किसी को ज़मी
तो किसी हो आसमाँ नहीं मिलता।

शब-ए-इंतज़ार

गुज़रती नहीं शबे–इंतज़ार
कि कुछ लम्हे अभी बाक़ी हैं
आने वाली है सहर
कि कुछ लम्हे अभी बाक़ी हैं

फिज़ा कभी–कभी ठहर जाती
पूछने कि तुम कब आओगे
कि कुछ लम्हे अभी बाक़ी हैं

शमा की लौ बुझने लगी है
बंद दरवाज़ों से दिन दबे पाँव चला जाता है
नींद से पलकें भारी होने लगी हैं
कुछ लम्हे अभी बाक़ी हैं

खो गई मेरे क़लम की स्याही
तुम्हारे नाम की लकीरों में
भर गया वो कोरा काग़ज़
कि कुछ जगह अभी बाक़ी है

अश्क पलकों से टूटकर
गिरने चला है उस पर
कि कुछ लम्हे अभी बाक़ी हैं।

गुज़र गई शबे इंतज़ार
सहर दस्तक देती दरवाज़े पर बार-बार
फिज़ा कह गई जाते-जाते
कि तुम नहीं आओगे
शमा में लौ, अब भी बाक़ी है
कि कुछ लम्हे अब भी बाक़ी हैं।

कश्मकश

कहते हैं दिल–ए–नादान से
आज उनकी गली का रुख न कर
भीगी हैं पलकें आज
रहने दे, उन्हें तेरे ग़म से बेख़बर

एक निगाह के ज़ोर से
तेरा ये बाँध टूट जाएगा
गर देख लिया उन्होंने तो
तमाशा तेरा यूँ ही बन जाएगा

जाना ही है अगर
तो शब के साये में छुप कर चले जाना
दिन होने से पहले
दबे पाँव चले आना

कोशिश करना कि उस चाँद
की नज़र भी पड़े न तुझ पर
आज की रात
रहने दे, उन्हें तेरे ग़म से बेख़बर।

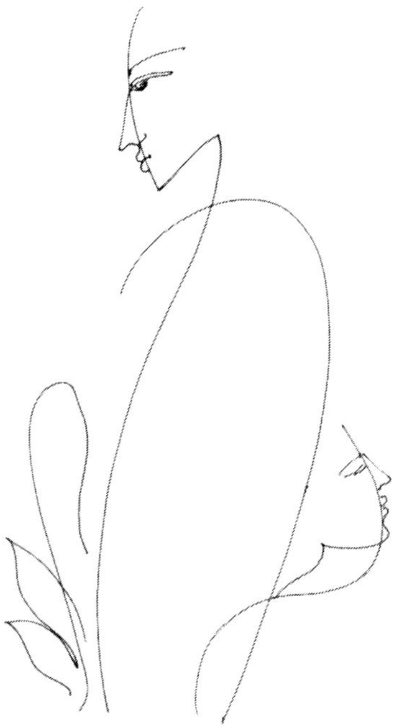

इंतज़ार

तकते रहते हैं राहों को
यूँ तेरे इंतज़ार में
धूप भी आकर चली जाती
चाँद की चाँदनी में लिपटकर
मेरी ख़्वाहिशें भी सो जाती
बरसात भी आकर चली गई
मोड़ लिया रुख हवाओं ने
बैठे हैं आज भी उसी मंज़िल पर
तेरे इंतज़ार में।

कभी तो वो क़दम
इस राह का रुख करेंगे
कभी तो इस मंज़िल पर
हम मिलेंगे

यूँ ही तसव्वुर के आलम में
गर उम्र भी बीत जाए तो क्या
तुम आओ भी चंद पलों के लिए
तो भी क्या
जी लेंगे तमाम उम्र
उन्हीं पलों की याद में
तकते रहेंगे राहों को
यूँ तेरे इंतज़ार में।

आहटें

आहटें हैं कुछ
दबे पाँव चली आती हैं
दिल के दरवाज़े पर आकर
बेहद शोर मचाती हैं
पूछती हैं मुझसे कि मैं कहाँ हूँ
बस नाम ही तो है मेरा
पर मैं कहाँ हूँ;

नहीं मिलता जवाब कोई
तो यूँ ही लौट जाती हैं
दिन के उजाले में
कहीं गुम-सी हो जाती हैं
पर्दा पड़ता जब रात का
फिर से दरवाज़ा खटखटाती हैं

पूछती हैं मुझसे कि मैं कहाँ हूँ
बस नाम ही तो है मेरा
पर मैं कहाँ हूँ

वजूद है मेरा
कुछ यहाँ कुछ वहाँ
चंद टुकड़े उठाकर लेकर आती हैं
कहती हैं ये मैं हूँ

आधे-अधूरे से टुकड़ों को
मैं यूँ ही जोड़ने लगती हूँ
ख़ुद से ख़ुद तक पहुँचने की कोशिश में
ख़ुद से टकरा जाती हूँ

आहटें-ही-आहटें हैं
वक़्त-बेवक़्त चली आती हैं
पूछने मुझसे कि मैं कहाँ हूँ
कभी कहने मुझसे कि मैं यहाँ हूँ।

बंजारा

इक बंजारा मैं भी
इक बंजारा तू भी
चलते रहते हैं
इन रास्तों पर यूँ ही

कुछ मंज़िलों की तलाश में
दौड़ते क़दम आप ही रुक जाते
वक़्त की नई नगरी में
हम ख़ुद को खड़ा पाते
देखते, सोचते कि कहाँ आए हैं
सोचते, समझते कि कहाँ जाएँगे

कितनी दूर निकल आए
जाने कहाँ है जाना हमें
बंजारे हैं हम मंज़िलों ने कहाँ पहचाना हमें

प्यासी है रूह तेरी
और कुछ ज़रा-सी मेरी भी
दो पल को रोक अपना कारवाँ
चल बैठते हैं यहीं
कुछ देर बस यूँ ही

बैठें और कुछ न सोचे
जाने कहाँ से आए थे
जाने कहाँ हम जाएँगे
हम बंजारे हैं दोस्त
अपने नाम की मंज़िल कहाँ पाएँगे
पाएँगे बस ये रास्ते,
वक़्त की गहराइयों में खोते हुए,
कुछ जागते कुछ सोते हुए

हम बंजारे हैं दोस्त
क्या मालूम कहाँ से आए
कहाँ है जाना हमें
अपने नाम के रास्ते हैं हज़ार
मंज़िलों ने कहाँ पहचाना हमें
प्यासी है रूह तेरी
और कुछ ज़रा-सी मेरी भी
दो पल को रोक अपना कारवाँ
चल बैठते हैं यहीं
कुछ देर बस यूँ ही।

बीत गई वो रात

बीत गई वो रात
जो रह गई थी आधी
बीत गई वो बात भी
जो रह गई थी आधी

आधी अधूरी यादों को बनाकर अपना रहगुज़र
जाने कितने लम्हे गए गुज़र

गुज़र गए वो तमाम पल,
और कुछ लम्हे ऐसे, जो तब पूरे लगते थे
जिनके बिना हम अधूरे से लगते थे
अब रह गई यादें उनकी
आधी अधूरी-सी
रह गई कुछ उम्मीदें
आधी-अधूरी-सी

बंद आँखों से सीने में मिल जाती हैं
चंद पलों और लम्हों के लिए
फिर से रह गुज़र बन जाती हैं।

वक़्त से वक़्त माँग लूँ गर मैं

वक़्त से वक़्त माँग लूँ गर मैं
तो क्या साथ बैठ जाएगा वो
कुछ दर्द कुछ आँसू उधार दूँ उसे
तो क्या साथ रो पाएगा वो
पुकार लूँ गर मैं उसे
तो लौटकर वापस आएगा वो

तू गया तो कुछ तो कुछ इस तरह से था
कि तेरी परछाईं भी पहचान न पाएँगे
तू आया भी कुछ इस तरह
कि तेरी आहट भी भूल ना पाएँगे

आया है तो सुन ज़रा
चंद लम्हे छोड़ जा मेरे दामन में

तू वक़्त ही तो है, गुज़र जाएगा
पलों की राख छोड़ जाएगा

फिर कभी मिलेगा जब
तब पूछेंगे उससे
कि क्या साथ बैठ पाएगा?
कुछ ख़ुशियाँ उधार ले लेंगे उससे
ग़म का क़र्ज़ा उतर जाएगा

ये वक़्त ही है
आते–आते आ ही जाएगा
बात बस ये है कि
पलक झपकते गुज़र जाएगा।

फिर आई तेरी याद

कुछ नग़्मों से आज मुलाक़ात हो गई
बैठे-बैठे आज
तेरी बात हो गई;
फिर से चल पड़ा यादों का कारवाँ
क्या ख़बर,
कब दिन से रात हो गयी।

गूँज उठी दुनिया मेरी
तेरी आवाज़ की खनखनाहट से
चमकी मेरी आँखें
फिर तेरी आहट से;

पलट के देखा, तो हवा ही थी
तेरा एहसास लेकर आई थी।

आज फिर ये रात, तेरे नाम की थी
बस तू न था..

बनाया था तेरी यादों का जो मकाँ
दिन के उजाले में
वो सूना ही था।

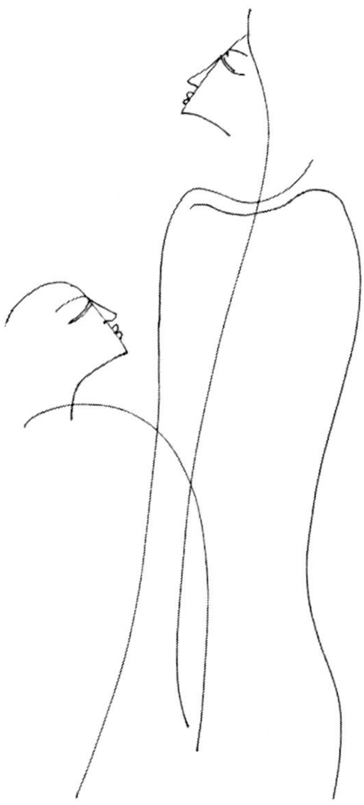

मंज़िलों का फसाना हूँ मैं

रास्तों की बात नहीं
ये तो मंज़िलों का फसाना है
गुज़रते वक़्त की लहरों में
हम ने यूँ ही खो जाना है

क़दमों से चलकर
किसी किनारे तो पहुँच जाएँगे
या लहरों में बहकर
कहीं तो उतर जाएँगे
रूह को आसरा मिले जिस मक़ाम पर
कुछ देर बस वहीं ठहर जाएँगे

ठंडी रेत पर लेटकर कभी
बादलों में शक्लें बनाएँगे

कभी तपती धूप को ओढ़कर
लहरों के शोर तले सो जाएँगे

शाम की चाँदनी से बेवजह
कुछ बातें कर लेंगे
रात के चाँद से
कुछ क़िस्से-कहानियाँ भी सुन लेंगे

सुबह की लहर क्या रुख़ अख़्तियार करेगी,
न तू जानता है न मैं
रास्तों की बात नहीं
मंज़िलों का फ़साना हूँ मैं।

सवालों का समंदर

तेरे पूछे कुछ सवालों को
जवाब कहीं मिल जाएँगे
चलते लड़खड़ाते क़दमों तले
कुछ बिखरे से मिल जाएँगे

वक़्त को भी मालूम नहीं
कि कितना वक़्त बीत जाएगा
किसी गली-कूचे में तुझे कोई जवाब मुस्कुराता-सा मिल जाएगा

उम्र भी बीत गई अगर तो इस बात का ग़म न करना
ज़िंदगी बहुत लंबी है दोस्त,
जवाब कम होने का ग़म न करना

कभी एक, कभी दो और कभी सैंकड़ों जवाब मिल जाएँगे
या कभी तेरे हाथ सूने भी लौट जाएँगे
पर तू सवालों को कम न करना
जवाबों के कम होने का ग़म न करना

क्या पता तेरे साहिल पर, लहरें कुछ जवाब बहाकर ले आएँ
समेट लेना जितने तू चाहे;
क्या पता तेरा समंदर कब सवालों से फिर भर जाए।

कहानी

जी चाहता है एक कहानी लिखूँ
कुछ लम्हों की दास्ताँ अपनी ज़ुबानी लिखूँ
सोचती हूँ, उसके अल्फ़ाज़ कैसे होंगे?
छुपे उसमें ज़ज्बात कैसे होंगे?

हँसी के ठहाकों के बीच
ख़ुशी की कहानी लिखूँ
या दो निगाहों के बीच थमे उस अश्क की
जंग में हुई जीत-हार बयाँ करूँ
या लिखूँ दास्ताँ, किसी के सदियों के इश्क की
लिखूँ कहानी जो किसी की आँखें बयाँ करती हैं,
या उन आवाज़ों की, जो ख़ामोशियों से बातें करती हैं

या समेट लूँ उन लम्हों को, जो किसी के साथ, गुज़ारे थे
ढालूँ लफ़्ज़ों में उन सपनों को
जो लगते बहुत प्यारे थे

बयाँ करूँ उन रातों का आलम
जब चाँद सिरहाने रहता था
या कहूँ उन दिनों का हाल, जब इंतज़ार किसी का रहता था

काश! लम्हों को लफ़्ज़ों में ढाल पाती
अपनी ही कहानी,
अपनी ज़बानी लिख पाती।

तू न मिला

एक उम्र गुज़र गयी चलते-चलते,
सब मिले पर तू न मिला
इतना वक़्त बीत गया
कुछ बीते लम्हे तो मिले
पर तू न मिला;
हर एक राह को टटोला मैंने
तू न सही,
तेरे क़दमों के निशान मिल जाएँ शायद
निशान मिले तो सही
पर आधे-अधूरे से
हर राह पर कुछ लोग मिले
पर तू न मिला।

कहाँ–कहाँ ढूँढा तुझे
कभी तेरा साया मिला
कभी वो भी नहीं।

एक परछाईं–सी छूकर निकल जाती कभी
देखती हँसकर मुझे
कितना सोचा उससे कुछ बात ही कर लूँ
पर इतना भी वक़्त न मिला;

एक और उम्र गुज़र गयी चलते–चलते
सब मिले,
पर तू न मिला।

क़िस्से-कहानियाँ

कहानियाँ अल्फ़ाज़ों से नहीं
जज़्बातों से लिखी जाती हैं
कुछ कही, कुछ अनकही बातों से लिखी जाती हैं
कुछ आधी, कुछ पूरी लिखी जाती हैं

कुछ तो होता है न इन कहानियों में
जो हम सुनते हैं, पढ़ते हैं
कुछ तो होता है न इन कहानियों में
जो हम कहते हैं, सुनाते हैं

तेरी और मेरी आप बीती
कब अल्फ़ाज़ माँगने लगती है
पता चलता है क्या?
ख़ाली लफ़्ज़ ही नहीं

कुछ हँसी, कुछ आँसू भी माँगने लगती है
पता चलता है क्या?

पता चलता है कब 'मैं'
'मैं' से 'हम' बन जाते हैं
जाने अनजाने कई लम्हे
कई लोग, एक आम-सी कहानी से जुड़ जाते हैं

बातें और क़िस्से ही नहीं, कहानियाँ, जज़्बात बयाँ करती हैं
कुछ तेरे, कुछ मेरे बयाँ करती हैं

कुछ तो होता होगा इन कहानियों में
जो हम इनसे और ये हम से जुड़ जाती हैं
जाने कब ये क़िस्से, ये कहानियाँ
कुछ जज़्बात माँगने लग जाती हैं।

बातें कही-अनकही

छोटी-छोटी-सी बातें ये
अफ़वाहों-सी उड़ जाती हैं
कभी ठहाकों-सी,
तो कभी दबी साँस में घुल जाती हैं।

क्या है ये बातें
जो हमें इतना सताती हैं?
रेलगाड़ी-से चलते दिमाग़ को
बस यूँ ही थका जाती हैं।

बातें कुछ अपनी, कुछ अपनों की
कुछ ख़्वाहिशें, कुछ सपनों की;
कहता है कोई कल ये किया
तो बताता कोई कि क्यों किया

किसी को ख़ुद से फ़ुर्सत नहीं
तो किसी के अल्फ़ाज़ों में गूँजती
'मैं' कि तरंगें कई।

किसी की बातें यूँ कश्मकश में डूबी हुई
कि हैरान हो जाते ख़ुद भी अल्फ़ाज़ कई
किसी की बातों में हँसी गूँजती
तो किसी की बातें 'काश' से अपनी क़िस्मत ढूँढ़ती।

आवारा ख़्यालों से कोई बातें कर जाता
अपने अल्फ़ाज़ में कोई ख़ुद ही खो जाता
छोटी-छोटी-सी ये बातें, कैसे इतनी बडी हो जाती हैं
बड़ी होकर भी ये, छोटे लफ़्ज़ों में कैसे समा जाती हैं।

कैसी हैं ये बातें सुनी-अनसुनी-सी
कभी गुज़रती हल्के से
तो कभी दिल में घर कर जातीं
छोटी-छोटी-सी बातें ये
यूँ ही अल्फ़ाज़ों में उड़ जातीं।

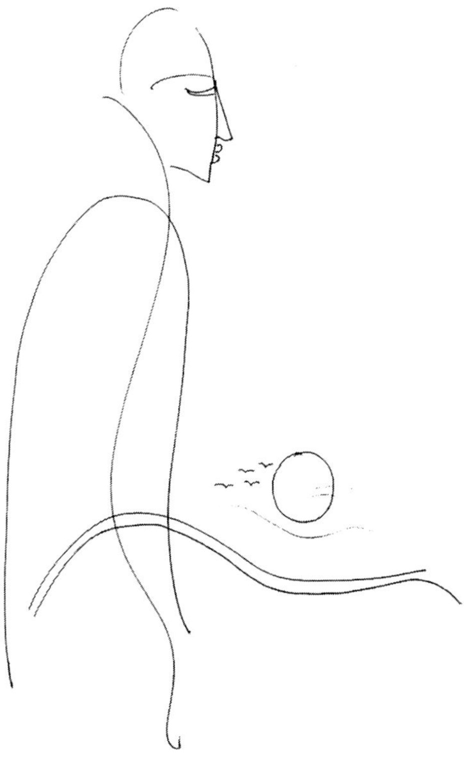

बंद डब्बा

बंद डिब्बे में जी के क्या पाएगा?
सवेरे से दूर
रात के अंधेरे से कतराएगा
देखेगा चाँद को ऐसे
जैसे कभी देखा न हो
लगेगा धूप की चादर कभी ओढ़ी न हो

रखेगा पाँव ज़मीं पर तो
अजनबी-सी लगेगी तेरी ज़मीं तुझे
रेत की गर्माहट भी सताएगी तुझे

हवा चलेगी जब
तो भागेगा इधर-उधर
बारिश की बूँदों से भी ख़ुद को बचाएगा

साँस भी लेगा कुछ इस क़दर
कि अधूरी-सी लगेगी
बंद डिब्बे में कटती तेरी ज़िंदगी
अधूरी-सी लगेगी।

क्या पाएगा सब कुछ पाकर
अपने आपसे ख़ुद को बचाकर?

क्या मोल रहेगा उसे पाने का
जिसमें साँस ही न हो
क्या मोल रहेगा उसे पाने का
जिसमें बसते जज़्बात न हों

कैसा जीना होगा वो
जिसे धूप और छाँव की ख़बर न हो
जिसे चाँद की चाँदनी की ख़बर न हो

ख़ुद को डिब्बे में बंद करके
तू भला क्या पाएगा?

ख़ुद से ही ख़ुद को बचा कर
तू भला क्या पाएगा?

मतलब की बात

मतलब ढूँढते हो मतलब में
कि बिन मतलब की बात नहीं
हालात की बात करते हो
कि बिन हालात कोई बात नहीं।

कब तक भागोगे ख़ुद से
कि ख़ुद तक पहुँचने की कोई राह नहीं
मतलब ढूँढते हो हर मतलब में
कि बिन मतलब कोई बात नहीं।

जज़्बातों की उँगली थाम
कोई सफ़र तो तय करो
मतलब की बात क्या करना
कभी बिन मतलब कुछ कहा करो।

चलो कभी तो इधर–उधर
तय करो कोई सफ़र
देखो जो कभी देखा न हो
करो कुछ ऐसा जो कभी किया न हो;

ओढ़ो हवा की चादर
चाँद की चाँदनी से बात करो
रखो अपने अरमानों को सिरहाने
कि उनसे भी कभी मिला करो;

क्या करना इस मतलब का
कभी बिन मतलब भी कुछ किया करो।

काश

ये तेरी कहानी है तू जानता है
सुनता है तू अपनी ज़बानी
ये तू जनता है;

मैं शायद सुनता हूँ, शायद नहीं
ये मैं जानता हूँ, तू नहीं।

बस ज़रा-सा वक़्त तो मिलता है
तुझे और मुझे भी
कैसे दे दूँ तुझे सारा?
ढूँढता तो मैं भी वही हूँ
फिर कैसे दे दूँ तुझे सारा?

मेरी आपबीती के लिए
मेरे पास ही वक़्त नहीं
और तू कहता है तुझे दे दूँ
देखता हूँ तुझे अपनी ज़िन्दगी के पीछे भागते हुए
कैसे तेरा वक़्त माँग लूँ?

बस यही सोचते–सोचते तमाम उम्र गुज़र जाती है
देखते–देखते तेरी और मेरी समझ
ज़रा कमज़ोर पड़ जाती है;

और फिर बीते वक़्त से,
हम यूँ ही टकरा जाते
और सोचते... काश! कुछ सुनाया होता
काश! तुझसे कुछ सुना होता

शायद हमारी समझ की समझ इतनी कमज़ोर न होती
शायद हमारी ज़िन्दगी में
काश की जगह कुछ कम होती।

रहगुज़र

इस जहाँ के पार कहीं
दूर एक जहाँ होगा
जहाँ कुछ न तेरा
न मेरा होगा;
सही-ग़लत की किसे ख़बर
कुछ भी वहाँ होता न होगा।

बिन मतलब बरसेंगे बादल
सूरज छुपकर कहीं देखता होगा
चाँद भी कहीं अलसता होगा;

शायद कभी हम मिलेंगे वहाँ
जब कुछ न होगा हमारे दरमियान;
किस रिश्ते से मिलेंगे हम

न तुझे न मुझे पता होगा
रिश्तों की बात तो दूर की है
अपना नाम भी वहाँ गुमनाम होगा।

साथ हमारे कुछ न होगा
पास हमारे कुछ न होगा
बिखरे हुए लफ़्ज़ों को उठाकर
कुछ भी कह देंगे
ऐसा कुछ जो कभी कहा न होगा

हाथ बिना थामे ही
एक सफ़र हम तय करेंगे
दूर किसी जहाँ में
शायद हम मिलेंगे

न तू मेरा रहगुज़र न मैं तेरा रहनुमा
कौन अपना, कौन पराया
कोई मायने नहीं इनके वहाँ

बस तू होगा और बस एक मैं
और हमारी रूह-सी।

इस जहाँ के पर कहीं
शायद एक ऐसा जहाँ होगा
बस रूह तेरी और मेरी भी
और कुछ न हमारे दरमियान होगा।